AF221992

Impressum
Verlag: BABADADA GmbH, Nedderfeld 112 , 22529 Hamburg
Geschäftsführer / Verlagsleitung: Harald Hof
Druck: Books on Demand GmbH, In de Tarpen 42, 22848 Norderstedt

Imprint
Publisher: BABADADA GmbH, Nedderfeld 112 , 22529 Hamburg, Germany
Managing Director / Publishing direction: Harald Hof
Print: Books on Demand GmbH, In de Tarpen 42, 22848 Norderstedt, Germany

деление
dividir

186/2

черна дъска
quadro

класна стая
sala de aulas

училищен двор
pátio da escola

учител
professor

хартия
papel

пиша
escrever

химикал
caneta

бюро
escrivaninha

линеал
régua

книга
livro

ученик
aluno

ученическа раница

sacola

ученически несесер

estojo de lápis

молив

lápis

острилка за моливи

apontador de lápis

гума

borracha

блок за рисуване

bloco de desenho

рисунка

desenho

четка

pincel

акварелни бои

estojo de tintas

ножица

tesoura

лепило

cola

тетрадка за упражнения

livro de exercícios

домашна работа

lição de casa

число

número

събиране

somar

изваждане

subtrair

умножение

multiplicar

смятане

calcular

буква

letra

азбука

alfabeto

дума

palavra

текст

texto

чета

ler

тебешир

giz

час

hora

дневник на класа

registro da classe

изпит

exame

свидетелство

certificado

ученическа униформа

uniforme escolar

образование

educação

справочник

enciclopédia

университет

universidade

микроскоп

microscópio

карта

mapa

кошче за хартиени
отпадъци

cesto de lixo

хотел
hotel

хостел
albergue

обменно бюро
casa de câmbio

куфар
mala

кола
carro

език
idioma

да / не
sim / não

Окей
ok

здравей
Olá

преводач
tradutor

Благодаря
obrigado

Колко струва...?

quanto custa...?

Не разбирам

eu não entendo

проблем

problema

Добър вечер!

boa noite!

Добро утро!

Bom dia!

Лека нощ!

Boa noite!

довиждане

até logo

посока

direção

багаж

bagagem

пътна чанта

bolsa

раница

mochila

посетител

convidado

стая

quarto

спален чувал

saco de dormir

палатка

barraca

ристическа информация

informação turística

плаж

praia

кредитна карта

cartão de crédito

закуска

café da manhã

обед

almoço

вечеря

jantar

билет

bilhete

асансьор

elevador

пощенска марка

selo

граница

fronteira

митница

alfândega

посолство

embaixada

виза

visto

паспорт

passaporte

кораб
navio

самолет
avião

пожарна кола
carro de bombeiros

автобус
ônibus

товарен автомобил
caminhão

моторна лодка
barco a motor

велосипед
bicicleta

кола
carro

ферибот

balsa

лодка

barco

мотоциклет

motocicleta

полицейска кола

veículo policial

състезателна кола

carro de corrida

кола под наем

carro de aluguel

каршеринг

compartilhamento de automóvel

автомобил от "Пътна помощ"

caminhão de reboque

сметовоз

caminhão de lixo

двигател

motor

бензин

combustível

бензиностанция

posto de gasolina

пътен знак

placa de trânsito

улично движение

trânsito

задръстване

trânsito lento

паркинг

estacionamento

гара

estação de trem

релси

trilhos

влак

trem

трамвай

bonde

вагон

vagão

хеликоптер

helicóptero

аерогара

aeroporto

кула

torre

пасажер

passageiro

контейнер

contêiner

кашон

cartolina

ръчна количка

carroça

кошница

cesto

излитам / приземявам се

decolar / pousar

град
cidade

село

vilarejo

градски център

centro da cidade

къща

casa

кино
cinema

реклама
propaganda

уличен фенер
iluminação de rua

улица
rua

такси
taxi

павилион
quiosque

пешеходец
pedestre

тротоар
calçada

пешеходна пътека
faixa de pedestres

голяма кофа за смет
lixeira

кръстовище
cruzamento

светофар
semáforo

хижа
cabana

жилище
apartamento

гара
estação de trem

кметство
prefeitura

музей
museu

училище
escola

град - cidade

университет

universidade

банка

banco

болница

hospital

хотел

hotel

аптека

farmácia

офис

escritório

книжарница

livraria

магазин за цветя

loja

магазин за цветя

floricultura

супермаркет

supermercado

пазар

mercado

универсален магазин

loja de departamentos

търговец на риба

peixaria

търговски център

centro comercial

пристанище

porto

парк

parque

пейка

banco

мост

ponte

стълба

escadas

метро

metrô

тунел

túnel

автобусна спирка

ponto de ônibus

бар

bar

ресторант

restaurante

пощенска кутия

caixa de correspondência

улична табелка

placa de rua

часовник за паркинг престой

parquímetro

зоологическа градина

zoológico

плувен басейн

piscina

джамия

mesquita

селски двор

fazenda

замърсяване на околната среда

poluição

гробище

cemitério

църква

igreja

детска площадка

parquinho

храм

templo

пейзаж
paisagem

листо
folha

пътепоказател
placa de sinalização

път
caminho

ливада
gramado

камък
pedra

дърво
árvore

пътешественик
caminhantes

река
rio

трева
grama

цвете
flor

долина

vale

планина

montanha

море

lago

гора

floresta

пустиня

deserto

вулкан

vulcão

замък

castelo

дъга

arco-íris

гъба

cogumelo

палма

palmeira

комар

mosquito

муха

mosca

мравка

formiga

пчела

abelha

паяк

aranha

бръмбар

besouro

жаба

sapo

катеричка

esquilo

таралеж

ouriço

заек

lebre

кукумявка

coruja

птица

pássaro

лебед

cisne

диво прасе

javali

елен

veado

лос

alce

бент

barragem

вятърна турбина

aerogerador

соларен модул

painel solar

климат

clima

келнер
garçom

меню
menu

стол
cadeira

супа
sopa

пица
pizza

прибори за хранене
talheres

покривка за маса
toalha de mesa

предястие
entrada

основно ястие
prato principal

десерт
sobremesa

напитки
bebidas

ядене
comida

бутилка
garrafa

бързо хранене

fastfood

улична храна

comida de rua

кана за чай

bule de chá

кутия за захар

açucareiro

порция

porção

еспресо машина

máquina de expresso

висок детски стол

cadeirão

сметка

conta

табла

bandeja

ножица за нокти

faca

вилица

garfo

лъжица

colher

чаена лъжичка

colher de chá

салфетка

guardanapo

стъклена чаша

copo

чиния

prato

чиния за супа

prato de sopa

чинийка

pires

сос

molho

солница

saleiro

мелничка за черен пипер

moedor de pimenta

оцет

vinagre

олио

óleo

подправки

especiarias

кетчуп

ketchup

горчица

mostarda

майонеза

maionese

оферта
oferta especial

клиент
cliente

млечни продукти
laticínios

плодове
frutas

количка за покупки
carrinho de compras

кланица
....
açougue

хлебарница
....
padaria

тегля
....
pesar

зеленчуци
....
legumes

месо
....
carne

дълбоко замразена храна
....
congelados

нарязан колбас или сирене
charcutaria

консерви
conservas

перилен препарат
detergente em pó

лакомства
doces

домакински изделия
artigos domésticos

почистващи препарати
produtos de limpeza

продавачка
vendedora

каса
caixa

касиер
caixa

списък на покупките
lista de compras

работно време
horário de funcionamento

портфейл
carteira

кредитна карта
cartão de crédito

чанта
sacola

пластмасова торба
saco plástico

вода

água

сок

suco

мляко

leite

кола

coca-cola

вино

vinho

бира

cerveja

алкохол

álcool

какао

cacau

чай

chá

кафе машина

café

еспресо

expresso

капучино

cappuccino

банан

banana

ябълка

maçã

портокал

laranja

пъпеш

melão

лимон

limão

морков

cenoura

чесън

alho

бамбук

bambu

лук

cebola

гъба

cogumelo

ядки

nozes

макарони

macarrão

спагети

espaguete

ориз

arroz

салата

salada

пържени картофи

batatas fritas

печени картофи

batatas frias

пица

pizza

хамбургер

hambúrger

сандвич

sanduíche

шницел

escalope

шунка

presunto

траен колбас

salame

салам

salsicha

пиле

galinha

печено

assado

риба

peixe

овесени ядки

flocos de aveia

мюсли

granola

корнфлейкс

flocos de milho

брашно

farinha

кроасан

croissant

хлебчета

pãozinho

хляб

pão

препечена филийка

torrada

бисквити

biscoitos

масло

manteiga

извара

requeijão

сладкиш

bolo

яйце

ovo

яйца на очи

ovo frito

сирене

queijo

сладолед

sorvete

захар

açúcar

мед

mel

мармалад

geleia

нуга крем

creme de avelãs

къри

curry

селска къща
casa de fazenda

плевня
celeiro

бала сено
fardo de palha

поле
campo

кон
cavalo

ремарке
reboque

конче
potro

трактор
trator

магаре
burro

овца
ovelha

агне
cordeiro

коза
cabra

крава
vaca

теле
bezerro

свиня
porco

прасенце
leitão

бик
touro

гъска

ganso

патица

pato

пиленце

pintinho

кокошка

galinha

петел

galo

плъх

ratazana

котка

gato

мишка

camundongo

вол

boi

куче

cachorro

кучешка колиба

casinha do cachorro

градински маркуч

mangueira de jardim

лейка

regador

коса

foice

плуг

arado

сърп

foice

мотика

enxada

вила за тор

forquilha

брадва

machado

ръчна количка

carrinho de mão

корито

manjedoura

съд за мляко

jarra de leite

чувал

saco

ограда

cerca

обор

estábulo

парник

estufa

земя

solo

сеитба

semente

тор

fertilizante

комбайн

colheitadeira

жъна
colher

реколта
colheita

ямс
inhame

жито
trigo

соя
soja

картоф
batata

царевица
milho

рапица
colza

овощно дърво
árvore frutífera

маниока
mandioca

зърнени храни
cereais

комин
chaminé

покрив
telhado

улук
calhas de chuva

прозорец
janela

гараж
garagem

звънец
campainha da porta

врата
porta

кофа за боклук
lata de lixo

пощенска кутия
caixa de correspondência

градина
jardim

всекидневна
sala de estar

баня
banheiro

кухня
cozinha

спалня
quarto de dormir

детска стая
quarto de criança

трапезария
sala de jantar

под
chão

стена
parede

таван
teto

изба
porão

сауна
sauna

балкон
varanda

тераса
terraço

плувен басейн
piscina

косачка
cortador de grama

спално бельо
lençol

покривка за легло
coberta

легло
cama

метла
vassoura

кофа
balde

електрически ключ
interruptor

тапет
papel de parede

картина
quadro

лампа
lâmpada

рафт
prateleira

шкаф
armário

камина
lareira

телевизор
televisão

цвете
flor

възглавница
travesseiro

канапе
sofá

ваза
vaso

дистанционно управление
controle remoto

килим

tapete

завеса

cortina

маса

mesa

стол

cadeira

люлеещ се стол

cadeira de balanço

кресло

poltrona

книга

livro

одеяло

cobertor

декорация

decoração

дърва за отопление

lenha

филм

filme

стерео уредба

equipamento de som

ключ

chave

вестник

jornal

живопис

pintura

постер

pôster

радио

rádio

бележник

bloco de notas

прахосмукачка

aspirador

кактус

cacto

свещ

vela

хладилник
geladeira

микровълнова фурна
microondas

кухненска везна
balança de cozinha

почистващо средство
detergente

тостер
tostadeira

фурна
forno

хладилна камера
freezer

кофа за боклук
lata de lixo

миялна машина
lava-louças

готварска печка
fogão

тенджера
panela

желязна тенджера
panela de ferro

уок / кадаи
wok / kadai

тиган
frigideira

кана за затопляне на вода
chaleira

уред за готвене на пара

panela a vapor

тава за печене

tabuleiro de forno

съдове

louça

чаша

caneca

купа

caçarola

клечки за хранене

hashi

черпак

concha de sopa

лопатка за тиган

espátula

тел за разбиване (на яйца, белтъци)

batedor

кошница за варене

escorredor

гевгир

peneira

ренде

ralador

хаван

almofariz

барбекю

churrasqueira

огнище

lareira

дъска

tábua de cortar

точилка

rolo da massa

тирбушон

saca-rolhas

кутия

lata

отварачка за консерви

abridor de latas

кухненска ръкохватка

pegador de panela

мивка

pia

четка

escova

гъба

esponja

миксер

liquidificador

фризер

congelador

бебешко шише

mamadeira

воден кран

torneira

отопление
aquecimento

душ
ducha

хавлиена кърпа
toalha

завеса за баня
cortina de chuveiro

шампоан за вана
banho de espuma

вана
banheira

стъклена чаша
copo

перална машина
lava-roupa

воден кран
torneira

плочки
azulejos

гърне
penico

мивка
pia

тоалетна
....
vaso sanitário

клекало
....
lavabo de agachar

биде
....
bidê

писоар
....
mictório

тоалетна хартия
....
papel higiênico

четка за тоалетна
....
escova de privada

четка за зъби

escova de dentes

паста за зъби

pasta de dentes

конец за зъби

fio dental

мия

lavar

ръчен душ

ducha de mão

интимен душ

ducha íntima

леген

bacia

четка за гръб

escova para as costas

сапун

sabonete

душ гел

gel de banho

шампоан за вана

xampu

гъба за баня

toalha de rosto

сифон

escoamento

крем

creme

дезодорант

desodorante

огледало

espelho

козметично огледало

espelho de mão

ръчна самобръсначка

barbeador

пяна за бръснене

espuma de barbear

одеколон за след
бръснене
loção pós-barba

гребен

pente

четка

escova

сешоар

secador de cabelo

спрей за коса

spray de cabelo

грим

maquiagem

червило

batom

лак за нокти

esmalte de unhas

памук

algodão

ножица за нокти

tesoura para unhas

парфюм

perfume

тоалетна чантичка

nécessaire

табуретка

banquinho

везна

balança

хавлия

roupão de banho

домакински ръкавици

luvas de borracha

тампон

absorvente interno

дамски преврръзки

absorvente íntimo

химическа тоалетна

banheiro químico

будилник
despertador

плюшена играчка
boneco de pelúcia

автомобил играчка
carrinho de brinquedo

дрънкалка
chacoalho

къща за кукли
casa de bonecas

подарък
presente

балон

balão

легло

cama

детска количка

carrinho de bebê

игра на карти

jogo de cartas

пъзел

quebra-cabeças

комикс

revista de quadrinhos

лего елементи

peças de Lego

строителни елементи

blocos de construção

екшън фигурка

figura de ação

бебешки гащеризон

macaquinho de bebê

фрисби

frisbee

бебешки играчки за легло

móbile para bebé

настолна игра

jogo de tabuleiro

зарче

dados

миниатюрно влакче

trenzinho elétrico

биберон

chupeta

парти

festa

детска книга с илюстрации

livro ilustrado

топка

bola

кукла

boneca

играя

brincar

пясъчник

caixa de areia

люлка

balanço

играчка

brinquedos

игрова конзола

videogame

велосипед с три колелета

triciclo

плюшено мече

ursinho de pelúcia

гардероб

guarda-roupa

облекло

vestuário

къси чорапи

meias

дълги чорапи

meias pelo joelho

чорапогащник

meias-calças

шал
cachecol

чадър
guarda-chuva

Т-шърт
camiseta

колан
cinto

ботуши
botas

пантофи
chinelos

гуменки
tênis

сандали

sandálias

обувки

sapatos

гумени ботуши

botas de borracha

слип

roupa de baixo

сутиен

sutiã

долна блуза

camiseta de baixo

боди

body

панталон

calças

дънки

jeans

пола

saia

блуза

blusa

риза

camisa

пуловер

pulôver

суичър

suéter com capuz

блейзър

blazer

яке

jaqueta

палто

casaco

дъждобран

gabardine

костюм

traje

рокля

vestido

булчинска рокля

vestido de casamento

облекло - vestuário

костюм

terno

нощница

camisola

пижама

pijama

сари

sari

кърпа за глава

lenço de cabeça

тюрбан

turbante

бурка

burca

кафтан

cafetã

абая

abaya

бански костюм

maiô

плувни шорти

sunga

къс панталон

shorts

анцуг

roupa de treino

престилка

avental

ръкавици

luvas

копче

botão

очила

óculos

гривна

pulseira

верижка

colar

пръстен

anel

обеца

brinco

каскет

boné

закачалка

cabide

шапка

chapéu

вратовръзка

gravata

цип

zíper

каска

capacete

тиранти

suspensórios

ученическа униформа

uniforme escolar

униформа

uniforme

лигавник

babador

биберон

chupeta

пелена

fralda

сървър
servidor

шкаф за документи
armário de arquivos

принтер
impressora

монитор
monitor

хартия
papel

бюро
escrivaninha

мишка
mouse

папка
pasta

клавиатура
teclado

кошче за хартиени отпадъци
cesto de lixo

компютър
computador

стол
cadeira

чаша за кафе

xícara de café

джобен калкулатор

calculadora

интернет

internet

лаптоп

laptop

писмо

carta

съобщение

mensagem

мобилен телефон

celular

мрежа

rede

ксерокс

copiadora

софтуер

software

телефон

telefone

контакт

tomada

факс

fax

формуляр

formulário

документ

documento

купувам

comprar

плащам

pagar

търгувам

negociar

пари

dinheiro

 USD

долар

Dólar

 EUR

евро

Euro

 JPY

йена

Yen

 RUB

рубла

rublo

 CHF

швейцарски франк

franco suíço

 CNY

ренминби юан

renminbi yuan

 INR

рупия

rupia

банкомат

caixa eletrônico

обменно бюро

casa de câmbio

злато

ouro

сребро

prata

нефт

petróleo

енергия

energia

цена

preço

договор

contrato

данък

imposto

акция

ação

работя

trabalhar

служител

empregado

работодател

empregador

фабрика

fábrica

магазин за цветя

loja

полицай
policial

пожарникар
bombeiro

готвач
cozinheiro

лекар
médico

пилот
piloto

градинар

jardineiro

мебелист

marceneiro

шивачка

costureira

съдия

juiz

химик

químico

артист

ator

шофьор на автобус

motorista de ônibus

шофьор на такси

motorista de táxi

рибар

pescador

чистачка

faxineira

майстор на покриви

telhador

келнер

garçom

ловец

caçador

художник

pintor

хлебар

padeiro

електротехник

eletricista

строителен работник

construtor

инженер

engenheiro

касапин

açougueiro

тенекеджия

encanador

пощальон

carteiro

войник

soldado

архитект

arquiteto

касиер

caixa

цветар

florista

фризьор

cabelereiro

кондуктор

condutor

механик

mecânico

капитан

capitão

зъболекар

dentista

научен работник

cientista

равин

rabino

имàм

imam

монах

monge

свещеник

pastor

чук
martelo

клещи
alicate

отвертка
chave de fenda

гаечен ключ
chave inglesa

джобна лампа
lanterna

багер

escavadora

кутия за инструменти

caixa de ferramentas

стълба

escada de mão

трион

serra

пирони

pregos

бормашина

furadeira

ремонтирам

consertar

лопата

pá

По дяволите!

Droga!

лопатка за смет

pá de lixo

кутия за боя

pote de tinta

болтове

parafusos

музикални инструменти

instrumentos musicais

висококоговорител
alto-falante

ударни инструменти
bateria

китара
guitarra

контрабас
contrabaixo

тромпет
trompete

пиано

piano

виолина

violino

контрабас

baixo

тимпан

timbales

барабан

tambor

електрическо пиано

teclado

саксофон

saxofone

флейта

flauta

микрофон

microfone

тигър
tigre

вход
entrada

бръмбар
gaiola

зебра
zebra

храна за животни
ração animal

панда
panda

животни

animais

слон

elefante

кенгуру

canguru

носорог

rinoceronte

горила

gorila

мечка

urso

камила

camelo

щраус

avestruz

лъв

leão

маймуна

macaco

фламинго

flamingo

папагал

papagaio

бяла мечка

urso polar

пингвин

pinguim

акула

tubarão

паун

pavão

змия

cobra

крокодил

crocodilo

пазач в зоологическа
градина

guarda do zoológico

тюлен

foca

ягуар

jaguar

пони

pônei

леопард

leopardo

хипопотам

hipopótamo

жираф

girafa

орел

águia

диво прасе

javali

риба

peixe

костенурка

tartaruga

морж

morsa

лисица

raposa

газела

gazela

esportes

американски футбол
futebol americano

колоездене
ciclismo

тенис
tênis

баскетбол
basquete

плуване
natação

бокс
boxe

хокей на лед
hóquei no gelo

футбол
futebol

бадминтон
badminton

лека атлетика
atletismo

хандбал
handebol

ски бягане
esqui

поло
polo

скачам
pular

прегръщам
abraçar

смея се
rir

вървя
andar

пея
cantar

моля се
rezar

целувам
beijar

сънувам
sonhar

пиша

escrever

рисувам

desenhar

показвам

mostrar

бутам

empurrar

давам

dar

взимам

tomar

имам

ter

правя

fazer

съм

ser

стоя

ficar de pé

тичам

correr

дърпам

puxar

хвърлям

jogar

падам

cair

лежа

deitar

чакам

esperar

нося

carregar

седя

sentar

обличам

vestir

спя

dormir

събуждам се

despertar

разглеждам

olhar para

плача

chorar

милвам

acariciar

реша се

pentear

говоря

falar

разбирам

entender

питам

perguntar

слушам

ouvir

пия

beber

ям

comer

разтребвам

arrumar

обичам

amar

готвя

cozinhar

карам автомобил

dirigir

летя

voar

плавам (с платна)

velejar

смятане

calcular

чета

ler

уча

aprender

работя

trabalhar

женя се

casar

шия

costurar

измивам си зъбите

escovar os dentes

убивам

matar

пуша

fumar

изпращам

enviar

баба
avó

дядо
avô

баща
pai

майка
mãe

бебе
bebê

дъщеря
filha

син
filho

посетител

convidado

леля

tia

чичо

tio

брат

irmão

сестра

irmã

чело
testa

око
olho

рамо
ombro

лице
rosto

пръст
dedo

брадичка
queixo

ръка
mão

гърди
peito

крак
perna

ръка
braço

бебе
bebê

мъж
homem

жена
mulher

момиче
menina

момче
menino

глава
cabeça

гръб

costas

корем

barriga

пъп

umbigo

пръст на крака

dedo do pé

пета

calcanhar

кост

osso

хълбок

anca

коляно

joelho

лакът

cotovelo

нос

nariz

седалище

nádegas

кожа

pele

буза

bochecha

ухо

orelha

устна

lábio

уста

boca

зъб

dente

език

língua

мозък

cérebro

сърце

coração

мускул

músculo

бял дроб

pulmão

черен дроб

fígado

стомах

estômago

бъбреци

rins

полово сношение

relações sexuais

кондом

preservativo

яйцеклетка

óvulo

сперма

esperma

бременност

gravidez

менструация

menstruação

вагина

vagina

пенис

pênis

вежда

sobrancelha

коса

cabelo

шия

pescoço

болница
hospital

линейка
ambulância

инвалидна количка
cadeira de rodas

фрактура
fratura

лекар

médico

спешна хоспитализация

pronto-socorro

медицинска сестра

enfermeira

спешен случай

emergência

в безсъзнание

inconsciente

болка

dor

нараняване

ferimento

кървене

hemorragia

инфаркт

ataque cardíaco

инсулт

acidente vacular cerebral

алергия

alergia

кашлица

tosse

температура

febre

грип

gripe

диария

diarreia

главоболие

dor de cabeça

рак

câncer

диабет

diabetes

хирург

cirurgião

скалпел

bisturi

операция

operação

компютърна томография

CT

рентген

raio x

ултразвук

ultrassom

маска

máscara

болест

doença

чакалня

sala de espera

патерица

muleta

пластир

bandeide

превръзка

ligadura

инжекция

injeção

стетоскоп

estetoscópio

носилка

maca

термометър

termômetro

раждане

nascimento

наднормено тегло

excesso de peso

слухов апарат

aparelho auditivo

дезинфекционно средство

desinfetante

инфекция

infecção

вирус

vírus

HIV / AIDS

HIV / AIDS

медицина

medicamento

ваксинация

vacinação

таблети

comprimidos

противозачатъчна таблетка

pílula

спешно телефонно обаждане

chamada de emergência

апарат за измерване на кръвното налягане

dispositivo de medição de pressão arterial

болен / здрав

doente / saudável

Помощ!

Socorro!

сигнал за тревога

alarme

нападение

assalto

атака

ataque

опасност

perigo

авариен изход

saída de emergência

Пожар!

Fogo!

пожарогасител

extintor de incêndios

злополука

acidente

комплект за оказване на
първа помощ

maleta de primeiros
socorros

SOS

SOS

полиция

polícia

Европа

Europa

Северна Америка

América do Norte

Южна Америка

América do Sul

Африка

África

Азия

Ásia

Австралия

Austrália

Атлантически океан

Atlântico

Тихи океан

Pacífico

Индийски океан

Oceano Índico

Южен ледовит океан

Oceano Antártico

Северен ледовит океан

Oceano Ártico

Северен полюс

Polo Norte

Южен полюс

Polo Sul

Антарктида

Antártica

Земя

Terra

суша

terra

море

mar

остров

ilha

нация

nação

държава

estado

циферблат

mostrador do relógio

стрелка на часовете

ponteiro das horas

стрелка на минутите

ponteiro dos minutos

стрелка на секундите

ponteiro dos segundos

Колко е часът?

Que horas são?

ден

dia

време

tempo

сега

agora

дигитален часовник

relógio digital

минута

minuto

час

hora

понеделник
segunda-feira

вторник
terça-feira

сряда
quarta-feira

четвъртък
quinta-feira

петък
sexta-feira

събота
sábado

неделя
domingo

вчера

ontem

днес

hoje

утре

amanhã

сутрин

manhã

обед

meio-dia

вечер

entardecer

работни дни

dias úteis

уикенд

fim de semana

дъжд
chuva

дъга
arco-íris

сняг
neve

пролет
primavera

вятър
vento

есен
outono

лято
verão

зима
inverno

прогноза за времето

previsão do tempo

термометър

termômetro

слънчева светлина

raio de sol

облак

nuvem

мъгла

neblina / nevoeiro

влажност на въздуха

umidade do ar

светкавица

relâmpago

гръмотевица

trovão

буря

tempestade

градушка

granizo

мусон

monção

наводнение

inundação

лед

gelo

януари

janeiro

февруари

fevereiro

март

março

април

abril

май

maio

юни

junho

юли

julho

август

agosto

септември

setembro

октомври

outubro

ноември

novembro

декември

dezembro

форми
formas

кръг

círculo

квадрат

quadrado

четириъгълник

retângulo

триъгълник

triângulo

сфера

esfera

куб

cubo

бял

branco

жълт

amarelo

оранжев

laranja

розов

rosa

червен

vermelho

лилав

lilás

син

azul

зелен

verde

кафяв

marrom

сив

cinza

черен

preto

много / малко

muito / pouco

ядосан / спокоен

furioso / tranquilo

красив / грозен

lindo / feio

начало / край

começo / fim

голям / малък

grande / pequeno

светъл / тъмен

claro / escuro

брат / сестра

irmão / irmã

чист / мръсен

limpo / sujo

пълен / непълен

completo / incompleto

ден / нощ

dia / noite

мъртъв / жив

morto / vivo

широк / тесен

largo / estreito

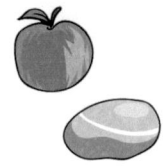

ядлив / неядлив

comestível / não comestível

сърдит / любезен

mau / gentil

развълнуван / скучаещ

entusiasmado / entediado

дебел / тънък

gordo / magro

най-напред / най-накрая

primeiro / último

приятел / враг

amigo / inimigo

пълен / празен

cheio / vazio

твърд / мек

duro / macio

тежък / лек

pesado / leve

глад / жажда

fome / sede

болен / здрав

doente / saudável

нелегален / легален

ilegal / legal

интелигентен / глупав

inteligente / idiota

ляво / дясно

esquerda / direita

близо / далече

perto / longe

нов / употребяван

novo / usado

нищо / нещо

nada / alguma coisa

стар / млад

velho / jovem

вкл. / изкл.

ligado / desligado

отворен / затворен

aberto / fechado

тих / силен (звук)

baixo / alto

богат / беден

rico / pobre

правилен / погрешен

certo / errado

грапав / гладък

áspero / liso

тъжен / щастлив

triste / feliz

дълъг / къс

curto / longo

бавен / бърз

lento / rápido

мокър / сух

molhado / seco

топъл / студен

ameno / fresco

война / мир

guerra / paz

0

нула

zero

1

едно

um

2

две

dois

3

три

três

4

четири

quatro

5

пет

cinco

6

шест

seis

7

седем

sete

8

осем

oito

9

девет

nove

10

десет

dez

11

единадесет

onze

12

дванадесет

doze

13

тринадесет

treze

14

четиринадесет

quatorze

15

петнадесет

quinze

16

шестнадесет

dezesseis

17

седемнадесет

dezessete

18

осемнадесет

dezoito

19

деветнадесет

dezenove

20

двадесет

vinte

100

сто

cem

1.000

хиляда

mil

1.000.000

милион

milhão

английски
·················
inglês

американски английски
·················
inglês americano

китайски мандарин
·················
chinês mandarim

хинди
·················
hindi

испански
·················
espanhol

френски
·················
francês

арабски
·················
árabe

руски
·················
russo

португалски
·················
português

бенгалски
·················
bengalês

немски
·················
alemão

японски
·················
japonês

аз
eu

ти
você

той / тя / то
ele / ela

ние
nós

вие
vocês

те
eles / elas

кой?
quem?

какво?
O quê?

как?
como?

къде?
onde?

кога?
Quando?

име
nome

зад
....
atrás

в
....
em

пред
....
na frente de

над
....
sobre

върху
....
em cima

под
....
debaixo

до
....
do lado

между
....
entre

място
....
lugar